O COTIDIANO DA HISTÓRIA

EDIÇÃO
REFORMULADA
E AMPLIADA

Revolução Industrial

Francisco M. P. Teixeira
Licenciado em História e Filosofia.
Autor de vários livros didáticos destinados ao
Ensino Fundamental e ao Ensino Médio.

Ilustrações
Jayme Leão

editora ática

Apresentação

esde o século XVII, diversas pessoas vinham estudando de que maneira se poderia utilizar a energia do vapor para a fabricação de máquinas capazes de substituir o trabalho humano em uma série de atividades. Em 1712, o engenheiro inglês Thomas Newcomen inventou um motor que, aproveitando-se do vapor produzido numa caldeira aquecida, fazia girar uma bomba para retirar a água do fundo das minas de carvão. Embora fosse um modelo primitivo, o invento revelou-se extremamente útil e alcançou grande sucesso em toda a Europa.

O engenheiro escocês James Watt, após estudar o funcionamento desse aparelho, decidiu aperfeiçoá-lo e, em 1769, obteve a patente de uma máquina a vapor cinco vezes mais potente e que poderia ser utilizada por setores produtivos. Isso provocou uma grande expansão da industrialização britânica, dando início à chamada Revolução Industrial.

No século seguinte, a Inglaterra já havia se tornado a "fábrica do mundo" e a maior parte de sua produção industrial era exportada. De tecidos e chapéus a trilhos e locomotivas, os ingleses vendiam tudo para todos. Consequentemente, a sociedade inglesa se transformava e passava por mudanças econômicas, sociais, políticas e culturais, por graves conflitos e contradições em que a burguesia e os trabalhadores eram os principais personagens.

Essas transformações tiveram naturalmente como cenário as grandes cidades. Quase sempre escuras, sujas e feias, cobertas pela fuligem e fumaça, elas geravam imensas fortunas e foram as primeiras a expor os contrastes do mundo industrial. De todas as cidades inglesas, Londres, a capital do reino, surge como a mais importante e a maior, com seus 2 milhões de habitantes, por volta de 1840. É nessa metrópole e nessa época – décadas de 1830-40, decisivas para consolidação industrial da Inglaterra – que se passa a nossa história. Vamos acompanhá-la e seguir os passos de personagens como Simpson, Joan, Chambers e Ward. Reais ou fictícios, todos têm muito a revelar sobre a história da revolução industrial inglesa.

Sumário

Revolução Industrial

- 5 — Londres
- 7 — Briga na rua
- 10 — No Parlamento
- 12 — A fábrica
- 17 — Uma reunião perigosa
- 20 — Tempos difíceis
- 24 — O Palácio de Cristal

Uma visão da História

- 29 — Introdução
- 30 — A Europa antes da Revolução Industrial
- 30 — Por que a Revolução Industrial começou na Inglaterra
- 34 — O mercado e o Parlamento
- 35 — O Império e seus concorrentes
- 38 — "Paz, poder e prosperidade"
- 40 — Cronologia

1
Londres

Sábado, uma bela tarde de sol no fim do verão. Isso também acontece, às vezes, na Inglaterra da chuva, do frio e da névoa. Nesses raros dias, todos aproveitam para se mexer um pouco mais. Os mercados, os cafés e as tabernas se enchem de gente, a multidão cresce ainda mais nas ruas, os parques ficam mais alegres e festivos. "Este dia veio mesmo a calhar, mas Chambers está atrasado", pensou Simpson, ao ouvir os sinos da catedral de São Paulo anunciando 14 horas.

Anthony Simpson, jovem advogado na casa dos trinta anos, filho de tradicional família manufatureira de Manchester, elegera-se havia pouco tempo deputado para a Câmara dos Comuns. Mas só agora, em 1836, resolvera instalar-se em Londres. Poderia, assim, participar melhor das atividades do Parlamento e ainda cuidar dos negócios da família na capital. Havia alugado um simples mas confortável apartamento em Covent Garden, onde nesse momento aguardava seu amigo de infância George Chambers. Combinaram um passeio pela cidade. Chambers já estava em Londres havia vários anos e, depois de tentar diversos empregos, trabalhava como repórter no *Sunday Times*.

– Então, como vai o brilhante deputado da nossa querida Manchester? – foi perguntando Chambers alegremente ao chegar, vestido com um casaco de linho leve e claro, cuja elegância era comprometida por um bizarro lenço roxo em torno do pescoço.

– O deputado vai bem, mas você chegou atrasado – respondeu Simpson fazendo cara de sério.

– Calma, Simpson, temos tempo. Londres não vai nos escapar. Vamos?

Subiram e a carruagem começou a andar. Tomaram a Strand e seguiram pela Fleet Street rumo à City. O sol da tarde iluminava agradavelmente os edifícios, quebrando um pouco a sua sobriedade. Nas vitrinas das lojas, as pessoas bem-vestidas examinavam belas sedas, roupas elegantes, móveis, livros, bebidas finas e uma infinidade de mercadorias para o consumo dos velhos e novos ricos da sociedade londrina.

Passaram diante da catedral de São Paulo, imitação da catedral de São Pedro em Roma, e, segundo Simpson, obra pouco feliz de *sir* Cristopher Wren, o arquiteto da reconstrução de Londres após o grande incêndio de 1666. Estavam agora no coração da City, admirando a imponência do Banco da Inglaterra, da Real Bolsa de Valores e das novas sedes dos bancos privados. Nos gabinetes e escritórios ainda se trabalhava para encerrar a semana. Naquelas ruas e praças, o ar parecia carregado da seriedade dos grandes negócios.

Os dois amigos conversavam animadamente. Comentavam as boas colheitas, o crescimento das atividades industriais e a política comercial. Falavam sobre Manchester, revelando Simpson todo seu orgulho pela expansão econômica da cidade, pelas novas fábricas, pela ferrovia Manchester-Liverpool, que Chambers ainda não conhecia. Recordavam a infância e a juventude, as brincadeiras e peraltices daqueles bons tempos.

Circulavam agora por um labirinto de ruas lamacentas de águas podres e fétidas, becos sórdidos, cheios de prédios sujos e cortiços imundos. Tinham entrado nos "bairros ruins" do leste de Londres, bairros populares como White Chapel, Bethnal Green e St. George, onde moravam algumas dezenas de milhares de famílias proletárias. A miséria e a sujeira pareciam dominar tudo, as paredes, as portas e janelas, as oficinas e as tabernas, as roupas maltrapilhas e os rostos sem cor de homens, mulheres e crianças. À sujeira e aos detritos espalhados por todos os cantos misturavam-se os odores rançosos dos açougues e dos curtumes, da carne assada de carneiro, das tripas, dos picles e da aguardente barata. Aqui, nem o sol do verão conseguia penetrar a névoa escura cheia de fumaça e fuligem das fábricas e das docas, pairando sobre essa imensa colmeia humana como uma terrível maldição.

Calados, voltavam no rumo sul. Ao se aproximarem da nova ponte de Londres, o panorama já era outro. Chambers propôs uma parada para esticarem as pernas. E também para poderem admirar o notável espetáculo da cidade vista da ponte.

– Não é uma visão maravilhosa? – comentou Chambers, procurando descontrair o ambiente.

– É muito bonito – concordou Simpson. – Esse imenso casario, o belo perfil dos palácios e das igrejas, o rio com todos esses navios, de todos os tipos e tamanhos. É um espetáculo deslumbrante...

– É a grandeza de Londres, é a riqueza da Inglaterra – salientou, orgulhosamente, Chambers. – É a riqueza merecida de um povo que trabalha!

– Não há dúvida. Mas como é que um povo que trabalha tanto e produz tanta riqueza pode ser também tão miserável?

– Não se deixe impressionar, meu amigo...

– Não é isso, Chambers. Em Manchester também temos pobreza e miséria, mas aqui em Londres é demais! O reino nunca será rico e forte enquanto seu povo estiver na miséria. Será que algum dia conseguiremos educar e disciplinar essa gente e fazê-la trabalhar e produzir?

– Olhe, Simpson, eu conheço esta cidade. No meio dessa gente toda, tem muitos preguiçosos e vagabundos que não merecem mais que 5 xelins por semana.

Os dois permaneceram alguns instantes calados.

– É... talvez. Mas diga-me uma coisa, Chambers, não se pescam mais salmões no Tâmisa? – indagou Simpson, olhando fixamente para as águas escuras e pesadas do rio.

– É verdade, já faz alguns anos. Sujeira das fábricas e das casas. É uma pena, parece que quanto mais progresso, menos peixes. Mas um dia eles voltam, quando a cidade limpar o rio – acrescentou Chambers sem muita convicção.

Tomaram de novo o carro. Atravessaram o bairro de Southwark pelas ruas próximas à margem sul do Tâmisa, passaram diante da ponte de Waterloo, recém-construída em concreto, e voltaram a cruzar o rio pela ponte de

Westminster. Passaram diante da velha e solene abadia e das instalações provisórias do Parlamento, utilizadas desde que o incêndio de 1834 destruíra o palácio de Westminster. Seguindo depois ao lado de St. James Park, alcançaram as belas alamedas do Mall, rumo a Trafalgar Square.

Estavam de volta à Londres rica e elegante, dos grandes parques e mansões suntuosas, das novas ruas e praças de construção recente e de desenho sinuoso, como Regent Street e Piccadily Circus, obra do arquiteto John Nash.

— Londres não para de crescer. Se ela é em parte sombria, a outra parte fica cada dia mais bonita, não acha?

— Em poucos anos você se tornou um verdadeiro londrino, Chambers! Mas você tem razão. Tudo isto é muito bonito. Uma coisa, porém, vou demorar para entender: como podem conviver, na mesma cidade, realidades tão radicalmente opostas?

— Ora, Simpson, convivendo! Lá mesmo onde você mora, no centro de Londres, estão alguns dos mais terríveis cortiços da cidade, como o Rockery (ninho de corvos) de St. Giles, na área do Soho. Antigamente, lá moraram nobres e ricos que hoje estão nos melhores lugares de Mayfair, Belgravia e Kensington.

— Bairros mais distantes e mais protegidos das multidões... — ironizou Simpson.

— Mas claro! O que podem fazer os pobres, além de lutar por sua sobrevivência? Enquanto isso, os ricos tratam de defender seu prestígio e sua riqueza atrás de altos muros.

— E com as leis do seu lado no Parlamento e a polícia nas ruas.

— É isso. O poder está a serviço da Inglaterra, não?

— Certamente, Chambers, mas... parece que chegamos a Trafalgar Square... Vou descer aqui. Uma caminhada até em casa me fará bem. O passeio foi ótimo.

— Fico contente por ter gostado, Simpson. Mas espero que não tenha se cansado demais. Temos um encontro à noite no Traveller's, não se esqueça. É um clube interessante e tem um bom gim.

— Obrigado pelo convite. Não esquecerei.

Depois de despedir-se do amigo, Simpson pôs-se a caminhar em direção a Covent Garden. Escurecia depressa. As lâmpadas a gás acendiam-se nas principais ruas e praças. O movimento da multidão, porém, não diminuía. Desviando-se das pessoas e dos carros, Simpson sentia-se mais perdido na cidade que o lendário navegador James Cook no meio do Pacífico. Ao passar diante de um teatro que anunciava para aquela noite *As alegres comadres de Windsor*, de Shakespeare, Simpson lembrou-se de repente das palavras do jovem poeta Shelley: "O Inferno é uma cidade semelhante a Londres... Uma cidade de pouca diversão, de pouca justiça e nenhuma compaixão".

2

Briga na rua

Já próximo do novo mercado de Covent Garden, Simpson notou um ajuntamento de pessoas e um certo alvoroço. A princípio não deu maior importância ao fato, pois alvoroço e aglomeração é o que não falta nas portas e nos pátios dos mercados. Chegando mais perto, porém, pôde perceber que aquela gente toda vibrava e gritava pelo espetáculo que a turba mais aprecia: uma boa briga. E, por entre os berros e xingamentos, pôde também ouvir a multidão berrar: "Espiões", "Traidores"!

Com algumas cotoveladas e alguns empurrões, Simpson conseguiu furar o cerco e aproximar-se dos brigões, a tempo de ver as últimas trocas de socos e pontapés entre dois homens. Um era jovem, alto e forte, de cara redonda e vermelha, vestido com casaco e calças rústicas, à moda dos cocheiros; o outro era mais baixo, meio calvo, de casaco e colete verdes de algodão. Com a chegada da polícia, a

briga acabou logo. Sem querer nenhuma explicação, os guardas agarraram os homens e se preparavam para levá-los presos, apesar da gritaria da massa em defesa do cocheiro.

Tomado de súbita e instintiva simpatia pelo rapaz, Simpson resolveu intervir. Adiantou-se, identificou-se para os guardas como Anthony Simpson, membro da Câmara dos Comuns, e disse conhecer aquele homem, assumindo toda a responsabilidade por ele. Falou tudo de um só fôlego, num tom enérgico, para não deixar dúvidas. Um pouco desconfiados, mas muito impressionados com as palavras de Simpson, os guardas concordaram e soltaram os dois homens. Afinal, nada de grave tinha acontecido ali. Só mais uma briga de rua.

— Obrigado, senhor... Simpson.
— Não precisa me agradecer. Mas você é mesmo cocheiro?

– É verdade, tenho um cabriolé. É com ele que ganho a vida. Ah, desculpe, senhor, meu nome é Thomas Ward.

– Depois de tanta agitação, imagino que você deve estar com fome. Vamos até ali, ao Leão Vermelho, comer alguma coisa, Ward.

Já no bar, Simpson perguntou, curioso:

– Que diabo de briga foi essa em que você se meteu, Ward?

– Não foi minha culpa, senhor. Aquele sujeito começou a me fazer umas perguntas esquisitas... sobre o meu trabalho, minha casa... Desconfiei logo que era um "espia" da polícia. Fiquei com raiva e fui pra cima dele.

– O governo aumentou, de fato, o número de policiais. As ruas estão muito perigosas com essa multidão de vagabundos e agitadores.

– Perdão, senhor Simpson, mas essa ideia de que os londrinos não prestam para trabalhar não é bem assim. Muita gente está por aí, na rua, porque não encontra trabalho em lugar nenhum. Os patrões preferem gente de fora, do campo, ou então irlandeses. Gente que faz qualquer coisa por um pedaço de pão.

– Por falar nisso, vou precisar de um veículo aqui em Londres. Pode ser um carro pequeno. Você não quer esse emprego?

– Estou às suas ordens, senhor. O cabriolé é modesto, mas confortável. E o cocheiro é o melhor de toda Londres! – respondeu Ward, rindo, reanimado pela cerveja.

– Está bem, Ward, vá então pegar o carro que eu quero ir para casa.

No caminho, o cocheiro contou a Simpson um pouco da sua vida. Uma história comum. Seu pai viera para Londres quase vinte anos atrás, depois que a família, como muitas outras famílias camponesas, perdeu o direito de trabalhar nas terras "comunais", de uso coletivo, em Leicester. Desde que chegara, com menos de dez anos de idade, Ward já fizera de tudo, limpando chaminés, trabalhando em lojas, oficinas, tabernas e até nas docas. Mas agora fazia o que gostava: andar pelas ruas, conduzindo seu cabriolé. Sentia-se bem no meio da multidão e do movimento dos carros.

– Entre na Drury Lane, é logo ali. Você é casado, Ward? – perguntou Simpson de um jeito meio sério.

– Não, senhor. Eu gosto das ruas e as mulheres não gostam de homens assim... – respondeu o cocheiro, com uma ponta de melancolia.

– Mora sozinho?

– Moro com um irmão e sua família, a mulher e três filhos, em St. Luke, ao norte da City. Não é longe daqui.

Depois de acertar mais alguns detalhes, inclusive o salário de 15 xelins por semana, Simpson despediu-se de Ward e subiu para o apartamento. Foi recebido por sua governanta, uma irlandesa robusta e falante.

– Guardei seu jantar, senhor Simpson. Frango com cogumelos, gosta?

– Menos mal... para um dia como hoje – comentou Simpson com ar cansado. – Mas acho que vou querer apenas um chá.

– Tenho uma boa surpresa para o senhor, uma carta de Manchester. Acabou de chegar pelo correio da tarde.

Antes que a mulher acabasse de falar, Simpson já lhe tinha tomado o envelope das mãos. "Carta de Joan...", adivinhou, dirigindo-se apressado ao quarto para ler a carta de Joan Fletcher, a namorada que deixara em Manchester. Esticado na poltrona, relaxado, com o olhar amoroso sobre o papel e a imaginação lançada a trezentos quilômetros de distância, Simpson sentia-se agora verdadeiramente em casa.

3

No Parlamento

Segundo vários jornais ingleses, entre eles o *Times*, de orientação liberal, o duque de Wellington errara ao condenar a Reforma Eleitoral de 1832, dizendo que "o poder passou das mãos dos cavalheiros às mãos dos taberneiros". Para boa parte da sociedade britânica – burgueses, liberais – o Parlamento era agora mais democrático e representativo. O eleitorado tinha duplicado (800 mil eleitores), ainda que só votassem os proprietários. A Câmara dos Comuns (deputados eleitos) estava mais forte que a Câmara dos Lordes (membros nomeados pelo rei) com o aumento do número de deputados e sua redistribuição territorial. Isso permitiu melhor representação dos grandes centros industriais, como Liverpool, Manchester, Birmingham, Leeds, Shefield etc.

Aprovada sob forte pressão popular no país inteiro, a Reforma Eleitoral foi uma expressiva vitória política dos *wighs* ("liberais", representantes da indústria e da classe média em geral) sobre os *tories* ("conservadores", em sua maioria membros da aristocracia proprietária e do clero). Naturalmente, era grande a expectativa quanto à atuação do novo Parlamento sob controle liberal. E também era natural que a carreira parlamentar atraísse gente nova, como Anthony Simpson e muitos outros liberais: advogados, empresários, médicos, editores e intelectuais.

Importantes decisões foram tomadas pelo Parlamento nos anos seguintes, como a abolição da escravidão em todo o Império Britânico e a aprovação da nova Lei dos Pobres, com as novas regras de assistência pública aos indigentes, centralizada nas Casas do Trabalho. Regras duríssimas, que mais castigavam do que auxiliavam a pobreza, segundo os trabalhadores. Estes, aliás, apesar de terem apoiado a Reforma Eleitoral, manifestaram desde logo seu descontentamento com o direito de voto restrito aos proprietários e com a atuação do Parlamento nas questões sociais.

Pouco depois de sua eleição, Simpson fora convidado a fazer parte da recém-criada Comissão das Fábricas, encarregada de apurar as reais condições de trabalho nas fábricas inglesas. Todos sabiam que essa comissão tinha sido criada por pressão dos patrões. Era uma reação ao Comitê das Dez Horas, liderado pelo *tory* Michael Sadler e que vinha lutando pela redução da jornada de trabalho. Os depoimentos recolhidos pelo grupo de Sadler, especialmente sobre o trabalho feminino e infantil nas minas de carvão, tinham provocado forte impacto dentro e fora do Parlamento.

– Faz frio assim também em Manchester? – perguntou John Russell, líder da maioria *wigh*. Ele cumprimentava Simpson, que chegava para mais uma reunião da Comissão das Fábricas, num enregelado dia de inverno de 1837.

– Lá é pior, lord Russell – brincou Simpson, sacudindo os flocos de neve do grosso sobretudo de lã. – Mas temos um ponche capaz de fazer maravilhas!

– Acredito, Simpson... Mas hoje você não vai precisar de ponche nenhum para se esquentar - disse Russell, irônico, retirando-se para receber outros parlamentares.

Apesar de uma certa atração pela política, Simpson ainda não tinha se adaptado ao Parlamento. Sendo jovem, determinado, prático e até um pouco inquieto, Simpson achava enfadonhos aqueles discursos todos. "Muito grito para pouca lã", pensava, lembrando-se do provérbio popular. Na sua opinião, raros eram os parlamentares que apresentavam propostas sérias e objetivas para os problemas econômicos e sociais. Muitos membros do Parlamento não passavam de representantes servis dos interesses de grandes proprietários, industriais, construtores de ferrovias e canais, banqueiros e donos de companhias de comércio e navegação.

Naquele dia gelado de fevereiro, porém, não foi com o tédio que Simpson se aborreceu. As testemunhas apresentadas pela Comissão das Fábricas eram empregados (encarregados e contramestres) de várias manufaturas das regiões de Lancashire e Yorkshire, que ele conhecia bem. Para sua total surpresa, aqueles homens passaram o tempo todo contradizendo depoimentos já prestados, antes, ao Parlamento. Negaram que, em suas fábricas, as crianças trabalhassem como os adultos, geralmente das 5 da manhã às 9 da noite. Negaram qualquer tipo de castigo corporal para os empregados ou repressão policial aos líderes dos trabalhadores. E ainda confirmaram que os salários pagos nessas tecelagens estavam bem acima da média da região, de 12 xelins por semana.

Nessa altura da sessão, estava muito difícil impedir a manifestação ruidosa das galerias. Populares gritavam contra as testemunhas. A presidência da Comissão ameaçava usar força policial para esvaziar o recinto. Foi quando Simpson decidiu abandonar a reunião. Vermelho de raiva, ia saindo do prédio quando foi abordado por Michael Sadler.

– Parece que você não gostou nada da sessão de hoje, Simpson. Mas não desperdice seu bom humor – falou Sadler calmamente.

– Sadler, esta comissão é um escândalo, esta reunião foi uma vergonha para o Parlamento!

– Concordo, mas quem disse que na política sempre se joga limpo?

– E por isso precisamos inventar mentiras absurdas, prestar depoimentos falsos? É assim que devemos enfrentar nossos adversários?

– Adversários, Simpson? – indagou Sadler, entre irônico e surpreso. – Muitos aqui não sabem dizer de que lado você está, dos empregados ou dos patrões... Ou você é um desses patrões "humanitários", seguidores do Sr. Robert Owen, o empresário amigo dos operários?

– Desista, Sadler, assim você não me pega. E agora não estou com paciência para discutir.

– Só mais uma coisa, Simpson, a que horas mesmo vocês acordam as crianças para trabalhar, lá em Manchester, às 5 ou às 6 da manhã?...

– Vá para o inferno, Sadler! – gritou Simpson, saindo furioso, não tendo gostado nada da brincadeira.

Na praça, Simpson descobriu Ward aquecendo-se numa fogueira improvisada num canto da abadia de Westminster, junto com outros cocheiros. Chamou-o e mandou tocar direto para casa. Por algum tempo andaram calados. O pequeno carro ia devagar, cortando com dificuldade a grossa camada de neve e lama.

– Hoje não foi um bom dia, não é, senhor? – disse Ward, virando-se e olhando para Simpson por cima do ombro.

Encolhido no carro, com frio e de mau humor, Simpson demorou um pouco para aceitar a conversa.

– Tem razão, Ward, a sessão de hoje me deixou muito aborrecido.

– Com todo respeito, senhor, gostaria de fazer uma pergunta: por que o Parlamento ainda não aprovou as dez horas?

– Bem... A verdade é que os patrões não querem. Dizem que a redução das horas de trabalho vai trazer sérios prejuízos às indústrias e ao país.

– Mas, senhor, os comuns, os lordes, eles só aprovam o que os patrões querem? – Ward estava agora mais veemente.

– É... Mais ou menos isso – titubeou Simpson. – Como você sabe, a maioria dos deputados precisa dos ricos e poderosos para se eleger.

– Senhor Simpson, sou franco em dizer-lhe: eu não gosto de política, mas gostaria de votar. Por que os pobres, os trabalhadores, não podem votar?

– Talvez fosse bom mesmo que mais pessoas pudessem votar. Pessoas de bem, trabalhadores honestos, de bons ofícios. Mas dar o voto a todo mundo, não! Aí seria uma grande desordem!

Tinham chegado. Antes de entrar em casa, Simpson despediu-se do cocheiro, avisando-o que iria a Manchester e ficaria por lá uns dias.

– Vai viajar com este tempo, senhor?

– Tenho de ir, Ward. Vou ver a instalação de umas máquinas novas na nossa tecelagem. Tomo a diligência amanhã cedo. Mas não se preocupe, esta neve não é de assustar.

– Então, faça uma boa viagem, senhor Simpson.

– Obrigado, Ward, até a volta.

4

A fábrica

Desde a morte do pai, Anthony Simpson administrava a fábrica da família com mais dois irmãos. Ela não diferia muito de tantas outras fiações e tecelagens de Manchester: um prédio retangular de quatro andares, feito de tijolos vermelhos e precocemente envelhecido. Parecia um grande barco ancorado junto a uma curva do rio Irwell, sendo os mastros as duas altas chaminés por onde saíam, sem parar, pesados rolos de fumaça escura. Num ambiente por demais abafado e úmido, trabalhavam cerca de trezentas pessoas. Com exceção de uns poucos fiandeiros, tecelões, marceneiros, mecânicos, escreventes e secretários, a maioria era de operários não especializados. E destes, a maior parte era de mulheres jovens e crianças. Enquanto no inverno o dia de trabalho começava às 6 horas da manhã e terminava por volta de 8 da noite, nas estações mais quentes a jornada podia estender-se desde 5 até 9 ou 10 horas da noite.

Simpson não chegava tão cedo à fábrica, é claro, mas passava o dia inteiro na empresa observando todos os detalhes da montagem dos novos teares do segundo andar. Com eles, poderia, em breve, duplicar a produção de tecidos com menor emprego de mão de obra. O jovem empresário-deputado não escondia seu fascínio pelo progresso técnico. O brilho, a força e o ritmo das máquinas impondo a disciplina ao trabalho atraíam-no poderosamente.

– Sr. Simpson, estão chamando o senhor no escritório lá embaixo – veio dizer-lhe um contramestre, tirando-o da concentração com que acompanhava os testes de funcionamento de um dos últimos teares instalados.

Descendo pelas estreitas escadas de ferro, Simpson alcançou o térreo e dirigiu-se ao escritório. Ao entrar na sala, teve uma agradável surpresa.

– Joan, você por aqui? Com este tempo! Você poderia ter avisado...

– Ah, Anthony, já estava cansada do tricô, da pintura e dos bordados... Por isso, resolvi dar um passeio até aqui.

– Minha querida, se eu soubesse, podia ao menos ter me preparado para recebê-la. Olhe só o meu estado... Casaco amarrotado, botas sujas...

– Hum!... Se eu tivesse avisado, você era capaz de fugir de mim... Você vive fugindo de mim – replicou a moça com um jeito amuado, enquanto tirava as luvas.

– Joan, sinto muito, mas eu tenho andado absorvido pelos negócios, a política, você sabe... Bem, deixe-me ajudá-la a tirar o capote, você está muito elegante!

– Está vendo, se eu não tivesse vindo ainda iria esperar muito por um galanteio... Mas diga-me, Anthony, por que estava tudo parado quando eu cheguei? Pensei até que fosse greve ou alguma coisa assim.

– Não, querida, você chegou no fim do jantar dos operários.

– Mas eles comem desse jeito, espalhados, sentados no chão... Não existe um refeitório?

– Você é bem curiosa, não, Joan? Venha, vou satisfazer sua curiosidade, vamos visitar toda a fábrica – falou Simpson, oferecendo o braço à namorada.

Começaram pelo térreo e pelo primeiro andar. Simpson mostrou a Joan os estoques de algodão, pilhas enormes de fardos, muitos deles recém-chegados da América pelo porto de Liverpool. Em seguida, passou a explicar o processo de fiação.

– Primeiro o algodão é preparado e cardado, quer dizer, é desembaraçado pelos cilindros cheios de pontas metálicas das máquinas de cardar. Depois ele vai para aquelas outras máquinas ali adiante, as fiadoras, algumas com mais de quatrocentos fusos. Bem diferentes das rocas manuais que você conhece, não?

– Muito diferentes mesmo... Mas o que fazem todas essas crianças por aqui?

– Trabalham na preparação do algodão, na cardação e na remoção das bobinas. Observe como são eficientes na reparação dos fios rompidos. Os dedos finos e ágeis das crianças e das mulheres são os melhores instrumentos para esse trabalho. Mas venha, Joan, o mais interessante está lá em cima.

Ao contrário dos andares inferiores, o segundo andar parecia bem mais limpo e organizado. O barulho das máquinas, porém, era muito mais forte, obrigando as pessoas a falar alto, quase gritando.

– Não é uma beleza, Joan? – indagou o rapaz, exibindo, num gesto amplo, todo seu orgulho diante das longas filas de teares que se estendiam por todo o andar.

– Então é daqui que saem os tecidos... E essas correias que sobem até o teto, para que servem?

– São as correias de transmissão. Elas transmitem a força dos eixos das máquinas a vapor, aqueles eixos compridos que você vê lá em cima, para os teares, fazendo-os funcionar. São os teares mecânicos mais modernos que existem, capazes de fazer tecidos com desenhos mais elaborados. A nossa é uma das poucas fábricas a possuir este equipamento.

– E basta uma mulher para cuidar da máquina? Aliás, Anthony, notei que há bem menos homens que mulheres trabalhando aqui. Por que isso?

– As novas máquinas, mais aperfeiçoadas, permitem produzir mais com menos gente. As mulheres, como você vê, podem fazer o mesmo que os homens nestes teares; em breve, aliás, uma mulher poderá cuidar de dois teares.

– Mas isso deve provocar o desemprego de muitos operários, eu acho.

– Em parte isso é verdade. Mas, com a redução dos custos, podemos produzir tecidos mais baratos, ampliar o consumo e, assim, aumentar a produção, criar novas fábricas, gerar novos empregos... Mas, desculpe, Joan, parece que estou sendo chamado, não demoro – interrompeu Simpson, ao receber um sinal de um chefe de seção.

– Pode ir, eu vou ficar por aqui, andando entre os teares.

Joan Fletcher estava realmente impressionada com todo aquele aparato técnico e também orgulhosa por saber que tudo aquilo funcionava sob a direção do seu querido Anthony Simpson. No fundo, porém, o que queria era conhecer um pouco da vida daquelas mulheres humildes e silenciosas, sempre de pé, atentas aos movimentos das máquinas.

– Que idade você tem? É casada? – indagou Joan a uma operária próxima, que a atraíra por seus bonitos traços juvenis.

– Tenho quase 22 anos, senhora, sou casada e tenho dois filhos – respondeu a moça, sem levantar os olhos.

A beleza dela, como notara Joan, era mais forte que sua aparência pobre e suas roupas simples. Usava um vestido de flanela e uma velha malha de lã, curta demais para seus braços finos e longos, além de uma touca também de lã, que mal lhe cobria a cabeça.

– Com quem ficam seus filhos?

– Ficam com o pai; ele não consegue emprego, então fica em casa.

– É ele que faz a comida?

– Não, senhora, quase sempre sou eu. Levanto às 4 da manhã, deixo a comida pronta e depois venho para a fábrica. É que eu moro um pouco longe.

– O que você comeu hoje? – perguntou Joan, depois de uma breve hesitação.

– Comi o que a gente come todos os dias... batatas cozidas com *bacon* e um pouco de sopa de aveia.

– Você gosta do seu trabalho?

– Gosto – respondeu a jovem, agora olhando firmemente para Joan. – Cuidar dos teares não é difícil, o barulho me incomoda pouco, e depois a gente precisa mesmo trabalhar. Mas a gente fica muitas horas aqui... No fim do dia, estamos todas mortas de cansaço. E ainda fazemos o mesmo trabalho dos homens, ganhando menos que eles...

Nesse instante, a conversa foi interrompida com a aproximação de Simpson.

– Joan querida, vamos descer? Pedi que preparassem um chá no escritório. Depois, vou levá-la para casa. Logo vai escurecer, e você já deve estar cansada.

– Muito mais cansadas do que eu estão essas mulheres, Anthony – disse a moça com simplicidade.

– "Ganharás o teu pão com o suor do teu rosto", não é o que diz a Bíblia? – retrucou o rapaz, enquanto desciam as escadas. – Mas eu concordo que treze, quatorze ou mais horas por dia é uma jornada excessiva. Penso até que ela acaba comprometendo o bom desempenho do trabalho, e por isso deve ser reduzida.

– Por que não se faz isso aqui na fábrica?

– Porque não é assim que se resolvem essas coisas, Joan – respondeu Simpson em tom de afetada superioridade. – A redução da jornada de trabalho depende de um acordo geral entre patrões e empregados, que já está sendo negociado. Enquanto isso, nós aqui vamos procurar melhorar as condições de trabalho com a construção de mais banheiros e um refeitório...

– Não é muito, mas já é alguma coisa – comentou Joan, pensativa.

Depois de tomarem o chá, dirigiram-se para a carruagem. Saindo da fábrica, o carro subiu seguindo a margem do rio, tomando depois a ponte à direita. Num relance, Simpson ainda pôde admirar a distância o grande edifício envolto na fumaça, avermelhada pelos últimos clarões do entardecer.

– Daria um belo quadro. Ficaria feliz se você o pintasse, Joan.

– Um dia, quem sabe, meu querido... – limitou-se a dizer a jovem, abraçada ao rapaz, com os olhos fixos nas nuvens escuras que fechavam rapidamente o horizonte.

5

Uma reunião perigosa

Contra a sua vontade e debaixo de veementes protestos da namorada, Anthony Simpson teve de voltar a Londres. Na capital, além da primavera com suas cores renascidas, não parecia haver grandes novidades. A não ser o fato de que George Chambers fazia agora a cobertura das atividades do Parlamento para o seu jornal, o que muito agradou ao jovem deputado.

Para surpresa de Simpson, as sessões da Câmara dos Comuns estavam menos monótonas. Os debates entres liberais e conservadores esquentavam dia a dia. Além das velhas questões, como o livre-comércio e as dez horas, havia um novo problema. As atenções voltavam-se para uma tal Associação dos Operários Cartistas de Londres, que estava mobilizando intensamente os trabalhadores da capital e de outras grandes cidades. Ainda não se sabia muito no Parlamento a respeito desse "movimento cartista", mas já havia quem garantisse ser agitação de sindicatos "revolucionários" ou então preparação do populacho londrino para tomar de assalto a cidade.

– Você já ouviu falar no movimento cartista, Ward? – perguntou Simpson ao cocheiro, uma das suas boas fontes de informação.

– Já ouvi falar, sim... mas não sei nada de muito certo... A gente ouve tanta coisa pelas ruas, não é?

O cocheiro desconversara, parecendo evitar o assunto. Tempos depois, porém, foi o próprio Ward que retomou a conversa.

– Senhor Simpson, lembra-se de ter me perguntado uns dias atrás o que eu sabia do movimento cartista?

– Certamente que me lembro, Ward.

– O senhor gostaria de conhecê-lo bem de perto?

– Claro que sim... sem dúvida que gostaria – respondeu o deputado depois de alguma hesitação. – Mas como, onde?

– Se quiser, posso levá-lo hoje à noite a uma reunião cartista.

– Você é cartista, Ward?... Mas que surpresa!

Apesar da expressão, na verdade Simpson não estava tão surpreso assim. Desde o primeiro encontro notara algo especial em Ward. Por baixo da sua aparência rude e grosseira, igual à da maioria dos pobres trabalhadores de Londres, havia uma pessoa singular, um homem com os olhos e o coração abertos para o mundo, para a sua gente. Era isso que agora se desvendava diante de Simpson e que reforçava sua admiração pelo cocheiro. Um homem simples e rude, mas de espírito sensível.

– Vou à reunião, Ward, mas só se você garantir que não corro nenhum perigo – falou Simpson em tom de brincadeira.

– Estarei lá para protegê-lo, senhor! – retrucou o rapaz no mesmo tom brincalhão.

17

Caía uma chuva fria e fina no começo da noite, quando partiram de Covent Garden em direção leste. Iam em silêncio, envoltos numa certa tensão e ansiedade. Ward dissera apenas que a reunião seria num local próximo ao hospital São Bartolomeu, perto da catedral de São Paulo. O local ficava nos fundos de uma taberna bastante conhecida, a Cavalo Manco.

Logo que chegaram, Simpson foi introduzido numa sala baixa e escura, onde havia umas vinte pessoas, na maioria homens. Fumavam seus cachimbos depois de uma refeição cujos restos – bistecas, batatas, pão de centeio e canecas de cerveja – ainda estavam sobre a mesa. Enquanto as mulheres se apressavam em limpar a mesa e arrumar bancos e cadeiras, Simpson foi apresentado a um homem de ombros fortes, olhar vivo, metido numa jaqueta surrada de lã grossa. Era William Lovett, marceneiro e um dos chefes do movimento cartista em Londres. A reunião começou imediatamente.

– Ilustre deputado Anthony Simpson – principiou Lovett –, em nome dos companheiros da nossa associação, agradeço sua importante presença entre nós esta noite. Esperamos que se sinta bem conosco.

O deputado limitou-se a um mudo e respeitoso aceno de cabeça. Lovett fez, então, um breve relato da atuação dos cartistas nos últimos meses, buscando levar ao conhecimento dos trabalhadores os princípios da Carta do Povo e obter seu apoio para apresentá-la ao Parlamento.

– Neste documento, senhor deputado – continuou Lovett, passando às mãos de Simpson uma cópia da Carta –, estão as exigências dos operários ingleses que serão levadas ao Parlamento numa grande manifestação pública. O senhor poderá ler aí os pontos básicos. Em resumo, o que nós queremos é que todos os homens adultos deste reino possam votar e que o voto seja secreto.

Em seguida, Lovett abriu a palavra aos seus companheiros.

– Quero reforçar o que disse Lovett – falou um baixinho, escondido no fundo da sala. – Os trabalhadores não podem continuar fora da política.

– Os operários são também ingleses, ingleses livres de nascimento, e têm o direito de votar e escolher seus próprios representantes – disse um sujeito alto, de vasta cabeleira ruiva.

– Nós queremos uma revolução! – gritou de um canto um jovem de barba rala.

– Mas, se o Parlamento não nos atender, vamos usar a força – falou com raiva um irlandês alto, de cara redonda e vermelha.

E as manifestações continuaram: contra as Casas do Trabalho – chamadas de "sinistros templos da miséria" –, contra o desemprego, a favor das dez horas e coisas assim. Só os homens falavam, enquanto as mulheres ouviam atentamente. Lovett pediu, então, a Simpson que também falasse, com total liberdade.

– Senhores – Simpson procurou ser claro e breve –, reconheço a seriedade deste movimento, já presente em todas as principais cidades, inclusive na minha, Manchester. Acho que são justas suas reivindicações. Quando se dirigirem ao Parlamento, esperando que o façam em ordem, terão o meu apoio para que sejam recebidos.

– Deputado Simpson – concluiu Lovett –, não somos quebradores de máquinas, nem agitadores perigosos. Não somos contra o progresso do reino. Somos contra a miséria e a exploração. Quando sopra o vento leste sobre o Tâmisa e diminui o movimento do porto, vinte mil operários das docas são despedidos no mesmo dia. Situações como essa não podem continuar. Achamos que só com a participação nas eleições e no Parlamento os operários ingleses, escoceses e irlandeses poderão acabar com tudo isso. Obrigado a todos e boa noite.

Na volta, Simpson e Ward pouco falaram. Chovia torrencialmente, o vento era cortante e a capota do cabriolé não podia impedir que os dois homens se molhassem até os ossos. Metido no fundo do carro, Simpson pensava sobre essa reunião das "classes perigosas". Tinha sido sincero ao reconhecer a seriedade dos cartistas e a justiça de suas reivindicações. "Mas... trabalhadores na política? Operários no Parlamento, nos governos municipais, gente rude e ignorante tomando decisões importantes para

a sociedade e para o reino? Isso não é demais?", perguntava a si mesmo.

Entrou em casa encharcado de alto a baixo, surpreendendo-se ao ver seu amigo Chambers esperando-o àquela hora da noite.

– Onde diabos você se meteu, Simpson, numa noite destas?

– Fui ver uns amigos. Uma visita até agradável, se não fosse esta maldita chuva.

– Você não sabe ainda o que aconteceu?

– Saberia, Chambers, se fosse jornalista...

– O rei Guilherme acaba de morrer.

Era a noite de 20 de junho de 1837.

6

Tempos difíceis

"Rei morto, rei posto", diz um provérbio antigo. Os cidadãos britânicos podiam ficar sossegados. Mesmo não tendo deixado filhos, o rei Guilherme já tinha um substituto, sua sobrinha Vitória. Mas ela tinha apenas 18 anos, passados na solidão do palácio de Kensington. O que faria a nova rainha, tão moça e ingênua, diante da crescente inquietação social e do inesperado agravamento das dificuldades econômicas?

Segundo os grandes jornais, como o *Times* de Londres, o *Guardian* de Manchester e o *Mercury* de Leeds, os negócios de fato não iam bem, e as perspectivas para o ano seguinte não eram promissoras. Os industriais reclamavam que tinham investido muito em novas máquinas e, agora, sobravam tecidos nas tecelagens. Os construtores de ferrovias e canais queixavam-se da falta de novos investidores interessados nos seus projetos. Os agricultores diziam que a população ganhava muito pouco e por isso não podia comprar seus cereais. Parecia que a economia inglesa estava "brecando", depois de uma fase de expansão acelerada. E com isso, as falências, o desemprego, a fome.

No Parlamento e nos clubes elegantes, liberais e conservadores acusavam-se mutuamente. Para os liberais, era o alto preço do pão, causado pelo alto preço do trigo, que estava comprometendo as indústrias, obrigadas a pagar salários "elevados" aos seus operários para que estes pudessem comprar comida. Era preciso, pois, revogar imediatamente as Leis do Trigo para importar livremente cereais mais baratos. Já para os conservadores, a história era outra. Se os industriais e comerciantes não estivessem atrás de fortuna fácil, poderiam pagar salários melhores aos seus empregados, o que traria de volta o equilíbrio dos preços, da produção e consumo.

Como bom *wigh*, Anthony Simpson já se convencera há muito da necessidade urgente de se revogarem as velhas Leis do Trigo e eliminar qualquer restrição ao livre-comércio, à importação e exportação de todo tipo de mercadoria. Mas o que ele e outros liberais se perguntavam era se os trabalhadores esperariam pela queda do preço do pão e das tais leis...

E não era isso o que estava acontecendo, reconhecia Simpson com real preocupação. Em Londres e em outras cidades inglesas e escocesas a tensão aumentava dia a dia. Para os mais temerosos – tanto conservadores como liberais –, a ordem pública, as leis e as propriedades corriam perigo. A "revolução" era anunciada pelas constantes manifestações de milhares de pessoas gritando, cantando, distribuindo panfletos e pedindo apoio à Carta do Povo. No princípio de 1838, o *Northern Star*, jornal cartista de 60 mil exemplares semanais, dirigido por Feargus O'Connor, anunciava que a Carta já recebera mais de um milhão de assinaturas. Em breve, dizia o jornal, ela seria apresentada ao Parlamento.

O fato é que o movimento cartista crescia de forma irresistível, com a adesão maciça dos trabalhadores, atingidos duramente pelos efeitos da retração econômica. Simpson não escondia suas preocupações. Também temia desordens, depredações e violência de consequências imprevisíveis. Mais que tudo, porém, naquele movimento ele estava preocupado com uma pessoa: Ward.

– Senhor Simpson, pediram-me para avisá--lo de que a grande manifestação no Parlamento será daqui a três semanas.

– Agradeço por me avisar, Ward. Deverá ser um acontecimento notável, pelo que vejo. Espero que tudo transcorra em ordem e acabe bem.

– Será uma concentração ordeira e pacífica, tenha certeza.

– E se o Parlamento não receber o povo, o que vai acontecer?

– O Parlamento não vai fazer isso, não pode fazer isso... Mas, se o fizer, será uma coisa muito triste... Não sei como o povo vai reagir.

Na voz de Ward havia uma indisfarçável ansiedade, junto com uma raiva contida. O cocheiro tinha mudado muito nos últimos tempos, na opinião de Simpson. Perdera aquele jeito meio solto, rude às vezes, mas sempre falante e bonachão. Tornara-se tenso e sério demais para o seu tipo. Nas conversas com o patrão, agora menos frequentes, deixava transparecer uma mistura de esperança e rancor. Ward envolvera-se a fundo nas atividades cartistas e Simpson não sabia qual seria sua reação se as coisas não corressem bem no dia da grande manifestação diante do Parlamento.

E as coisas não correram bem nesse dia de início de primavera. Em lugar das portas abertas do Parlamento, aquela multidão de dezenas de milhares de pessoas viu as barreiras da polícia espalhadas entre Westminster e Trafalgar Square. Em lugar de palavras amistosas, aquela gente ouviu ordens ameaçadoras de dispersão. Mas apesar da recusa do Parlamento em recebê-los e do clima de profunda decepção, os líderes cartistas ainda conseguiram ler a Carta do Povo para a multidão, que ouviu e aplaudiu vivamente.

Ao lado de outros deputados liberais, Simpson estava próximo ao palanque improvisado pelos cartistas, quando ouviu gritarem o seu nome. Olhou para trás e viu Chambers, nervoso e apressado, vindo em sua direção.

– O que foi, Chambers?

– Houve um tumulto em Whitehall, em frente à Casa da Guarda. A polícia interveio e prendeu várias pessoas. O pior é que Ward estava lá.

Anthony Simpson empalideceu. Arrastando o amigo atrás de si, foi abrindo caminho entre a multidão. Quando chegaram ao local do tumulto, tudo já tinha acabado e os guardas cuidavam de dispersar a massa. Perguntando a uns e outros, ficaram sabendo que tinha havido presos e feridos. Sobre o cocheiro Ward, ninguém parecia saber de nada. "Foi uma grande confusão, não deu para a gente ver direito", diziam os menos amedrontados.

– Estão com medo de falar.

– Eu os compreendo, Chambers. Vamos ter de procurar Ward em todos os lugares, até achá-lo! – Simpson escondia seu temor atrás de uma enérgica determinação.

Durante quatro ou cinco dias, num clima de forte tensão, os dois homens percorreram todos os hospitais, hospícios, asilos, delegacias e prisões da cidade. Foram à Torre de Londres e aos tribunais. Nada descobriram. Foram ao cortiço de St. Luke, onde o cocheiro morava com um irmão. Os dois pobres cômodos, aparentemente, tinham sido desocupados às pressas, com os velhos colchões de palha abandonados pelo chão, e alguns utensílios imprestáveis largados no armário de cozinha. Os vizinhos nada sabiam dos moradores... ou não queriam dizer nada a estranhos – o que era mais provável.

Cansado da procura inútil e já aceitando o pior, Simpson voltava para casa uma noite, quando, ao entrar na sala, viu um homem de costas, pobremente vestido, que devia estar à sua espera. Antes que pudesse gritar "Ward!", como ordenava sua mente obcecada pela imagem do cocheiro, o homem virou-se:

– Senhor Simpson?... Sou o irmão de Thomas Ward – disse calmamente.

– Ah... pois não, o senhor tem notícias dele? – Simpson tentou, inutilmente, disfarçar sua decepção.

– Thomas está bem. Nós conseguimos tirá-lo da confusão, apesar de um pouco ferido. Agora está num lugar seguro e vai se recuperando. Quando melhorar vai ficar uns tempos fora de Londres. Ele me pediu para entregar-lhe este bilhete e dizer-lhe que não se preocupasse.

O homem despediu-se e saiu silenciosamente na noite garoenta. Profundamente aliviado, Simpson abriu o papel onde estavam rabiscadas duas frases usadas pelos cartistas: "Plantamos a árvore da liberdade do Tâmisa ao Tyne. Agora ela vai crescer". Assinado: Ward. Mesmo sem ser um homem de grande fé, Simpson fechou os olhos e agradeceu aos céus. Ward estava vivo.

Com o verão, chegava também o recesso do Parlamento. À saída de uma das últimas sessões, Chambers foi ao encontro de Simpson.

– Notícias do seu cocheiro?

– Nenhuma. Não soube mais nada dele. Deve estar bem.

– É verdade que você pretende mesmo voltar para Manchester?

SUPLEMENTO DE LEITURA

Revolução Industrial
Francisco M. P. Teixeira

Nome _____ Escola _____

Professor _____ Ano _____

A Revolução Industrial foi um processo de desenvolvimento tecnológico, iniciado no século XVIII na Inglaterra, que inaugurou uma nova era na economia, na política, nas relações sociais e trabalhistas. Ela marca, por exemplo, a ascensão da burguesia, o surgimento da classe operária e o aparecimento das fábricas. Nas atividades a seguir, você irá refletir a respeito dos fatores que permitiram o surgimento da Revolução Industrial e de que maneira ela promoveu profundas modificações em todo o mundo.

1 POR DENTRO DO COTIDIANO DA HISTÓRIA

1. Ao passearem de carruagem por Londres, Anthony Simpson e George Chambers passam por lugares que mostram como existiam na cidade duas realidades sociais distintas. Transcreva passagens que mostram esse antagonismo.

2. Ao ver tanta riqueza e pobreza em uma mesma cidade, Anthony Simpson pergunta a seu amigo George Chambers: "Mas como é que um povo que trabalha tanto e produz tanta riqueza pode ser também tão miserável?". Se a pergunta tivesse sido feita para você, qual seria a sua resposta?

2 SUPLEMENTO DE LEITURA

3. O personagem Anthony Simpson era membro da Câmara dos Comuns. Qual a função desse órgão e quais interesses ele representava na época da Revolução Industrial?

4. Ao visitar a fábrica do noivo, Joan Fletcher decide conversar com uma operária para conhecer detalhes da vida e do trabalho da moça. Releia o capítulo *A fábrica* e descreva a situação das mulheres pobres na Inglaterra durante a Revolução Industrial.

② UMA VISÃO DA HISTÓRIA

5. Explique por que as mudanças industriais ocorridas na Inglaterra a partir de 1770 ficaram conhecidas pelo termo "revolução".

6. A Revolução Industrial na Inglaterra marca a ascensão da burguesia e o declínio da antiga nobreza. Explique as diferenças entre esses dois grupos sociais.

Revolução Industrial 3

7. Baseado nas informações que você leu a respeito da Revolução Industrial, continue o texto abaixo, discorrendo sobre a situação dos operários nas fábricas:

"Sonhando com melhores salários ou simplesmente fugindo do desemprego, muitos ingleses deixaram o campo e se dirigiram para as cidades. As condições de moradia e trabalho encontradas nos centros urbanos, no entanto, eram extremamente cruéis. Eles eram obrigados a viver em residências frágeis, pequenas e sem qualquer infraestrutura, construídas em becos sujos e enlameados. Já nas fábricas..."

_____
_____
_____
_____
_____
_____
_____
_____
_____

8. Após analisarem a situação dos operários da Inglaterra na época da Revolução Industrial, os filósofos Karl Marx e Friedrich Engels afirmaram que trabalhadores e burgueses pertenciam a classes distintas. Qual o significado dessa afirmação?

_____
_____
_____
_____
_____
_____
_____
_____
_____
_____
_____

❸ REFLETINDO SOBRE OUTROS TEXTOS

9. Na época da Revolução Industrial, o Brasil era uma colônia de Portugal. Ingleses e portugueses assinaram um acordo estabelecendo que o Brasil só poderia adquirir produtos estrangeiros fabricados na Inglaterra. Graças a esse monopólio comercial, os britânicos encontraram no Brasil um importante mercado consumidor de sua produção industrial. Leia o texto abaixo, escrito pelo viajante inglês Robert Walsh a esse respeito e depois responda às perguntas.

"(...) A preocupação [da Inglaterra] não era com o que se podia mandar, mas com a rapidez com que isso seria feito. Dessa forma, quando os milhares de caixotes foram abertos na Alfândega, os brasileiros não puderam conter seu espanto e hilaridade diante das coisas incongruentes que viam à sua frente, tais como implementos úteis apenas aos canadenses ou groenlandeses, artigos adequados apenas às latitudes polares; tudo isso tinha sido encaixotado e enviado aos

4 SUPLEMENTO DE LEITURA

montes para uma região situada nos trópicos! No meio dessa bem planejada seleção havia um imenso suprimento de grossos cobertores, aquecedores de carvão e, para completar a série de disparates, patins de neve para que os brasileiros pudessem praticar exercícios saudáveis sobre o gelo, numa região onde nunca se viu um único floco de neve!"

(Extraído de WALSH, Robert. *Notícias do Brasil (1828-1829)*. 2. ed. Belo Horizonte/São Paulo, Itatiaia/Edusp, 1985. v. 1, p. 188.)

a) De acordo com o texto, como era a relação comercial entre Inglaterra e Brasil?

_____

_____

_____

_____

b) Baseado no que você leu em *Uma visão da História*, de que maneira a existência de um mercado consumidor dos produtos ingleses em um período anterior a 1750 contribuiu para o surgimento da Revolução Industrial na Inglaterra?

_____

_____

_____

_____

_____

4 HISTÓRIA: O PASSADO E OS NOSSOS DIAS

10. Se no passado a Inglaterra impunha ao Brasil a compra de seus produtos, retardando nosso processo de industrialização, no presente, as nações

desenvolvidas utilizam-se de uma série de estratégias que, muitas vezes, impedem os países pobres ou em desenvolvimento de ampliarem suas economias. Entre essas estratégias estão a prática de subsidiar a agricultura e a indústria local para que seus produtos possam ser vendidos no exterior a preços baixos e a de cobrar elevadas taxas alfandegárias das mercadorias importadas para não prejudicar a indústria nacional. Considerando as relações comerciais brasileiras, responda:

a) Quais são os principais parceiros comerciais do Brasil?

_____

_____

b) Quais os mais importantes produtos agrícolas e industriais do Brasil?

_____

_____

_____

_____

c) Cite situações que mostram como uma política protecionista prejudica as exportações brasileiras.

_____

_____

_____

_____

_____

_____

_____

_____

_____

– Ah, você já sabe! Pois é, com todos os problemas das tecelagens agravando-se cada vez mais, acho melhor estar lá. Além disso, vou a Manchester para fundar lá a Liga Contra as Leis do Trigo, junto com Richard Cobden e outros liberais. É preciso acabar logo com isso!

– De acordo, Simpson, mas você não vai ficar para a festa da coroação?

– Desejo à rainha Vitória um longo e feliz reinado. Desejo-lhe muita sorte, e ela vai precisar, nestes tempos difíceis. Mas, infelizmente, não vou poder esperar pela coroação.

– Ah, como pude esquecer? Você também tem uma rainha esperando ansiosamente em Manchester... – arrematou o repórter com uma ponta de malícia.

– Você não presta, Chambers!

7

O Palácio de Cristal

Vamos sair rápido desta confusão dos diabos, Simpson!

– O que é isto, Chambers, uma nova invasão dos bárbaros? – exclamou Anthony Simpson tentando seguir seu amigo à saída de Euston, o monumental terminal ferroviário de Londres.

Era véspera do dia 1º de maio de 1851, data da inauguração da grande Exposição Internacional da Indústria, montada em Hyde Park. Não se falava em outra coisa em Londres a não ser no Palácio de Cristal. Imenso, com suas belas linhas retas e sua imponente cúpula de vidro, estava atraindo a curiosidade do reino inteiro. De todos os lados continuava a chegar gente de trem, de diligência, de barco, gente a cavalo e até a pé. A capital estava mesmo sendo invadida, como notara Simpson, ao desembarcar em Euston.

– Desculpe, meu amigo, mas foi o melhor que pude encontrar à última hora. Sua carta só chegou há três dias – disse Chambers ao entrarem no quarto reservado de um antigo hotel, situado numa esquina movimentada entre Holborn e Covent Garden.

– Não preciso de um palácio para me acomodar em Londres – retrucou Simpson, tirando o chapéu e guardando a mala.

– Sempre o mesmo Simpson... Sóbrio, austero, disciplinado... Quase o mesmo depois de mais de dez anos.

– E mais velho! Mas você também não mudou muito, Chambers, pelo que vejo. Estou feliz pelo nosso reencontro, depois de tanto tempo.

– E Joan, por que não veio?

– Acabou de nascer nosso terceiro filho, por isso não pôde vir. Virá noutra ocasião.

Simpson abriu uma garrafa de vinho do Porto, encheu dois cálices e propôs um brinde à velha amizade. E na companhia do bom vinho, recostados à frente da lareira, conversaram pelo resto da tarde. Falaram de Joan, das crianças, das viagens, dos negócios, da política, da rainha Vitória, da exposição e das novidades de Londres, recordando as boas e más lembranças dos últimos anos.

– Foram anos em que aprendi muito, Simpson. Como ainda não me casei, aproveitei para viajar bastante, estive na França, Itália, Alemanha e até na América. Uma experiência e tanto! Hoje vejo o mundo de outra maneira.

– Infelizmente, eu quase não pude viajar. Deixei a atividade parlamentar e logo veio o casamento, os filhos; depois, os negócios da família, absorvendo-me demais. Consegui apenas ir duas vezes a Glasgow e a New Lanark, na Escócia, ver de perto a fábrica de Robert Owen.

– E o que achou?

– Interessante, Chambers... mas não tem futuro. Os industriais ingleses não gostam das ideias "socialistas" do Sr. Owen. Você sabe, essa história de organizar sindicatos, investir em melhores condições de trabalho... Os patrões temem perder os lucros e o controle dos seus negócios. Ainda mais agora que conseguimos revogar as Leis do Trigo e estabelecer o livre-comércio... cada um podendo produzir e vender como melhor lhe convier, importar e exportar livremente...

– E isso, Chambers, foi uma batalha de anos, mas valeu a pena. Sabe que nós até já estamos exportando tecidos de algodão para a América do Sul?

– Muito bom, Simpson. Mas vocês, os liberais, ganharam outra batalha, contra o cartismo...

Simpson levantara-se e passara a falar mais devagar, pensativo, com o olhar fixado no horizonte através da janela.

– Essa foi muito mais dura e sofrida... As agitações cartistas tornaram-se violentas, provocadas por radicais e demagogos. Uns anos atrás, em 1848, o governo teve de agir com firmeza, houve vítimas entre os operários, mas as coisas se resolveram.

– Ward, seu antigo cocheiro, estava no meio disso?

– Felizmente, não. Soube que ele e o irmão emigraram para a América.

– Ainda bem. Nesse ano eu estava em Paris. Lá, os trabalhadores derrubaram a monarquia e quase fizeram uma revolução.

– Foi o que evitamos aqui. Este reino não precisa de revolução, mas de ordem, liberdade e trabalho, muito trabalho.

– E os operários devem concordar com isso, naturalmente... e ficar quietos.

– Penso que sim, Chambers – continuou Simpson, ignorando a provocação do amigo. – Os trabalhadores devem deixar a política para os políticos, para o governo. Hoje, tudo está melhor, as dez horas foram aprovadas, o desemprego diminuiu... Enfim, a economia está se recuperando graças ao empenho dos industriais e do governo, além do apoio dado pela rainha Vitória. Seu reinado, aliás, está surpreendendo, e acho que vai surpreender ainda mais.

– Espero que esteja certo, Simpson, mas agora preciso ir – disse o jornalista, levantando-se. – Você falou tanto em trabalho que me lembrei de uma matéria para fechar ainda hoje na *Punch*.

– Você trabalha nessa revista maluca, nesse templo da irreverência?

– Um pouco de irreverência e rebeldia só faz bem, acredite.

– Hum... vou pensar nisso, Chambers. Mas não se esqueça do nosso almoço amanhã. Depois iremos juntos para Hyde Park.

– Como poderia esquecer, é você que vai pagar! E, por favor, vinho francês! – despediu-se Chambers à porta, rindo gostosamente.

Anoitecia e a névoa baixava sobre a cidade. Da janela do seu quarto de hotel, Anthony Simpson observava o torvelinho das ruas de Covent Garden com seus teatros e cafés sempre cheios e agitados. Diante dos seus olhos fascinados, Londres continuava a crescer como monumento ao progresso e à riqueza. As novas construções – pontes, viadutos, docas, estações e linhas férreas –, inclusive as torres góticas do novo edifício do Parlamento, ajudavam a esconder o espetáculo da pobreza.

Cansado e sonolento, Simpson preparou-se para dormir mais cedo. Não sem antes ler algumas páginas do livro que comprara para a viagem, *David Copperfield*. Era a obra mais recente de Charles Dickens, o romancista de maior sucesso na Inglaterra desde a morte de *sir* Walter Scott.

No dia seguinte, após o almoço, os dois amigos seguiram para Hyde Park numa carruagem leve.

– Vocês da *Punch* não andaram criticando demais a exposição? – perguntou Simpson a Chambers no caminho.

– Se o *Times* pode criticar, por que nós não podemos? E depois, foi gasto muito dinheiro. Espero que valha a pena.

– Você já viu o Palácio de Cristal?

– Estive lá uma vez, durante a construção, quando começaram a colocar os vidros na imensa estrutura de ferro.

Os dois amigos chegaram logo após a abertura oficial da exposição. Uma inauguração triunfal, com a rainha Vitória, seu marido, o príncipe Alberto, e numeroso séquito de altas autoridades e dignitários estrangeiros, incluindo até um inesperado mandarim chinês. Diante do grande chafariz de puro cristal, com dez metros de altura, no centro do pavilhão principal, a rainha abriu solenemente a feira do progresso industrial das nações: milhares de artigos, de teares e impressoras a guindastes e máquinas agrícolas, expostos por milhares de fabricantes ingleses e estrangeiros. Os ingleses, é claro, eram a grande maioria.

– Tenho de admitir, é maravilhoso, parece mesmo um "Palácio de Cristal". Não acha, Simpson? – perguntou Chambers deslumbrado, como centenas de outros visitantes fascinados pela imensa cúpula de vidro.

Percorrendo lentamente com os olhos aquele cenário inundado de luz e reflexos faiscantes, Simpson pôde apenas responder:

– É um palácio de espelhos... É o espelho do futuro!

Durante meses, milhões de pessoas pagaram para ver a grande exposição industrial – banqueiros e artesãos, ricos e pobres. Estes, aproveitando o desconto oferecido pelo governo, acorreram em massa. E ao cruzarem as portas do "Palácio de Cristal" da rainha Vitória, muitos deles, esquecidos do desemprego, da fome e das epidemias, imaginaram sinceramente estar entrando no prometido novo tempo de "paz, poder e prosperidade".

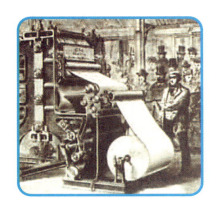  

Uma visão da História

Introdução

A palavra "revolução" muitas vezes está associada a atos de violência, derrubada de governos e alterações jurídicas nas sociedades. Essas situações, de fato, até podem ocorrer em um determinado processo revolucionário, como foi o caso da Revolução Francesa, no século XVIII, mas nem sempre é assim. Afinal, o termo designa mudanças extremamente profundas nos sistemas políticos, sociais e econômicos de um povo ou país, e isso pode acontecer sem o emprego da força ou o uso de armas.

Este foi o caso da Revolução Industrial, um processo de inovação tecnológica que substituiu grande parte do trabalho manual pelo uso das máquinas, provocando, assim, um excedente de produção jamais alcançado até então na história da humanidade. Tendo suas origens ainda no final do período medieval, a Revolução Industrial irrompeu, de fato, entre as décadas de 1770 e 1780 na Inglaterra e serviu para a consolidação do capitalismo, um sistema econômico que, entre outras coisas, baseia-se em relações trabalhistas assalariadas e na produção de bens objetivando o lucro. Nas páginas seguintes, buscaremos entender como a Revolução Industrial alterou para sempre as relações humanas e por que a Inglaterra foi o país com melhores condições para que esse processo ocorresse.

Uma visão da História

A Europa antes da Revolução Industrial

Durante a Idade Média (século V ao XV), a estrutura política da Europa esteve extremamente fragmentada, com o poder pulverizado entre os inúmeros feudos. Nesses locais, o governo estava nas mãos de uma aristocracia rural e guerreira chamada nobreza feudal que, seguindo as orientações e interesses da Igreja Católica, determinava quais comportamentos e atitudes deveriam ser aceitos.

Do ponto de vista econômico, os feudos funcionavam como unidades agrícolas que produziam somente para a subsistência. Em termos sociais, as relações eram permeadas por uma rígida hierarquia. Cabia ao senhor feudal garantir a sobrevivência e a proteção de toda a população de seu feudo. Em troca desse amparo, as pessoas viviam em um regime de completa servidão e obediência, sendo obrigadas, inclusive, a trabalhar de graça para os senhores por alguns períodos e proibidas de deixarem os feudos sem a anuência de seus administradores.

Com o tempo, esse fechado mundo dos feudos passou a se interessar por produtos que estavam chegando à Europa, como tecidos de seda e especiarias – pimenta, noz-moscada, canela, cravo – usadas para impedir que a carne estocada estragasse no inverno. Para adquirir essas mercadorias, algumas pessoas começaram a se dedicar a atividades comerciais com povos de outras regiões do mundo. Esse movimento recebeu o nome de renascimento comercial e resultou no surgimento de um novo grupo social, a burguesia, que ganhou esse nome pelo fato de seus componentes morarem fora dos feudos, em centros urbanos conhecidos como burgos. De modo geral, os burgueses eram comerciantes, manufatureiros, banqueiros e mercadores que tinham como objetivo comum produzir ou comercializar qualquer produto, objetivando o lucro.

Embora cada vez mais os burgueses se constituíssem como a camada social mais rica da Europa, era a antiga nobreza feudal quem conseguia ter acesso ao poder: vivendo de privilégios como a isenção de impostos e a ocupação dos cargos públicos, esses nobres impediam a ascensão política dos burgueses e das outras camadas sociais nas diversas regiões da Europa. Essa situação começou a mudar na Inglaterra a partir do século XVI, quando uma série de transformações resultou no efetivo fim das relações feudais e no advento da Revolução Industrial. A partir de então os burgueses emergiram como o mais poderoso grupo da sociedade.

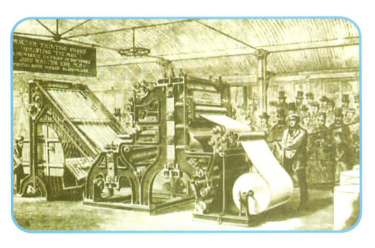

A inovação tecnológica e a exploração do trabalhador são algumas das características marcantes da Revolução Industrial.

Por que a Revolução Industrial começou na Inglaterra

As primeiras transformações que criaram condições para o advento da Revolução Industrial na Inglaterra foram de natureza política e religiosa. Elas tiveram início após uma longa guerra entre duas famílias nobres feudais – os York e os Lancaster – que envolveu grande parte dos ingleses, a chamada Guerra das Duas Rosas (1455-1485). Aproveitando-se do momento de fragilidade, um terceiro grupo – o dos Tudor – tomou o poder e passou a governar conforme os interesses dos burgueses. Um dos principais símbolos dessa união entre a nobreza e a burguesia foi a reforma promovida em 1534 pelo rei Henrique VIII (1509-1547), que separou a Igreja Católica do governo inglês, colocando fim às barreiras

Revolução Industrial

Do porto de Londres saíam produtos industrializados para diversos lugares do mundo.

As mudanças verificadas no campo também beneficiaram a burguesia. Graças ao desenvolvimento de novas técnicas – como o uso intensivo de estercos –, a agricultura alcançou, a partir de 1700, um relativo crescimento. Isso permitiu que quase toda a produção agrícola estivesse voltada prioritariamente para o comércio e não para a subsistência, como costumava ocorrer.

Verificou-se também a substituição gradativa do trabalho servil agrícola pelo sistema de arrendamento e/ou assalariado. Tudo isso provocou um aumento da produção e da circulação de dinheiro, o que permitiu, entre outras coisas, um acesso da população mais pobre a bens e mercadorias – como botões, alfinetes, vasilhas, botas, tesouras, pregos, potes, panelas, facas – até então de uso mais restrito. O crescimento desse mercado interno possibilitou a abertura cada vez maior de manufaturas na Inglaterra.

Apesar da miséria que atingia grande parte da população, o acesso dos pobres aos novos produtos e, principalmente, aos alimentos, permitiu, a longo prazo, a diminuição dos altos índices de mortalidade e o consequente aumento da população inglesa. Sonhando com os salários pagos nas manufaturas ou simplesmente fugindo do desemprego, um grande número de pessoas abandonou o campo e se fixou na cidade, onde acabou

religiosas que impediam o pleno desenvolvimento comercial, como o direito à cobrança de juros e o lucro.

Outra importante conquista política dos burgueses aconteceu em 1688, com a chamada Revolução Gloriosa, movimento que substituiu a monarquia absoluta pela constitucional e obrigou o rei a governar com a ajuda do Parlamento, então composto pela Câmara dos Lordes – nobres e clero – e pela Câmara dos Comuns – formada principalmente por burgueses. Em 1703, a coroa inglesa consolidou ainda mais seu papel de parceiro da burguesia na expansão do capitalismo ao assinar o Tratado de Methuen, monopólio que obrigava Portugal e suas colônias – entre elas, o Brasil – a comprarem os produtos manufaturados ingleses.

Do artesanato doméstico desenvolveu-se boa parte do processo de produção industrial.

31

Uma visão da História

As transformações no cotidiano dos trabalhadores

As mudanças provocadas pela Revolução Industrial no cotidiano dos trabalhadores foram extremamente radicais. A começar que grande parte dessas pessoas era originária do campo, local onde a vida seguia o ritmo da natureza e não do relógio: acordava-se com o raiar do dia, dormia-se com o anoitecer e, de acordo com a estação – verão ou inverno – faziam-se longas ou curtas jornadas de trabalho. Nas cidades, as pessoas passaram a morar e trabalhar em péssimas condições. As fábricas e manufaturas não passavam de lugares úmidos e mal ventilados, onde um encarregado as vigiava para que trabalhassem 15 ou 18 horas por dia, realizando tarefas estafantes, repetitivas e ininterruptas.

Outra grande mudança foi em relação ao método de trabalho. Até então, as mercadorias eram feitas artesanalmente. Com as manufaturas e, posteriormente, com as indústrias, o processo de fabricação de um único produto passou a ser dividido entre várias pessoas, de modo que cada operário conhecia apenas parte do serviço. Para os capitalistas essa especialização se traduziu em maiores lucros, uma vez que, assim, a produtividade era maior. No entanto, para o trabalhador, a divisão das tarefas simbolizou a perda sobre sua capacidade produtiva: ele não mais sabia fazer um sapato sozinho, por exemplo, apenas parte dele.

Os trabalhadores perceberam os diversos problemas advindos com a industrialização e passaram a cometer atos de rebeldia, como, por exemplo, quebrar os equipamentos fabris. Os patrões, por sua vez, começaram a contratar mulheres e crianças para funções antes destinadas aos homens por entenderem que eram mais dóceis e submissas. Trabalhando o mesmo número de horas dos adultos e sob a ameaça da palmatória e do chicote, as crianças muitas vezes padeciam por causa de acidentes e de cansaço.

Praticamente sem nenhuma proteção, garantia ou direito, muitos indivíduos passaram a recusar serviços nas fábricas. Por isso, o governo inglês tratou de aprovar uma série de leis aplicando penas contra os desocupados: um operário que abandonasse seu emprego, por exemplo, era considerado vadio e poderia até ser preso. Para os que não encontravam trabalho e viviam da mendicância foram criadas as *workhouses*, instituições nas quais as pessoas eram internadas com o objetivo de realizarem tarefas compulsórias. A experiência inglesa serviu de exemplo a outros países europeus que estabeleceram punições que iam de açoitamento à escravização e enforcamento para casos semelhantes.

As mulheres constituíram, desde o início, importante contingente da mão de obra industrial.

se transformando em um contingente de mão de obra disposto a trabalhar cada vez mais, em troca de quantias sempre menores, bem ao gosto dos novos capitalistas.

Além de todas essas condições favoráveis, os ingleses se beneficiaram também de alguns inventos, como a máquina de fiar de James Hargreaves que, sob o comando de um único operário, era capaz de fazer 80 quilos de fio de uma só vez, e os teares hidráulico e mecânico. Todas essas transformações criaram condições para que a Inglaterra experimentasse um vertiginoso crescimento a partir de 1780.

Aplicando novas técnicas e explorando novas fontes de energia (máquinas de bater, cardar, fiar, tecer, branquear e tingir, movidas a vapor), e utilizando mão de obra pouco qualificada e barata (mulheres e crianças, principalmente), a indústria algodoeira foi a que proporcionou a arrancada industrial inglesa. Com seus tecidos mais baratos que os de lã, ganhou o mercado inter-

Revolução Industrial

O crescimento industrial inglês dependeu bastante dos mercados externos, alcançados por grande frota mercante.

Os trilhos encurtam as distâncias

Em termos tecnológicos, uma das maiores mudanças provocadas pela Revolução Industrial foi a substituição da energia humana pela das máquinas. De todos os inventos da época, um dos que mais encantou e se fixou na memória das pessoas foi a ferrovia.

Em um período em que as distâncias eram intransponíveis para a maioria da população e em que a visão de mundo ficava restrita às áreas próximas aos locais de nascimento, a chegada da ferrovia se transformou em um símbolo da capacidade inventiva dos seres humanos. Com ela, as distâncias foram encurtadas, as mercadorias transportadas de forma eficiente e o poderio econômico dos ingleses conquistou o mundo.

A primeira locomotiva capaz de aproveitar a alta pressão do vapor e andar sobre trilhos de ferro foi apresentada ao público em 1808, por Richard Trevithick. Para os jornais da época, era espantoso que uma máquina pudesse andar entre 10 e 20 quilômetros por hora. A partir de 1812 as locomotivas começaram a se disseminar pela Inglaterra e, em 1825, foi inaugurada a primeira Ferrovia Pública Inglesa, cobrindo uma distância de 14 quilômetros. Era a Rocket, construída por George Stephenson.

Em 1830 foi entregue uma nova linha, sendo que essa era a primeira destinada exclusivamente ao transporte de passageiros. A partir dessa época, os capitalistas ingleses passaram a financiar a construção de ferrovias em diversos lugares do mundo, como Ásia e Brasil. O impulso ferroviário foi tão grande que ficou conhecido como época da "Febre das Ferrovias".

no e expandiu fortemente as exportações. Os cotonifícios, que em 1820 eram apenas 10 mil, chegaram a 150 mil em 1850, e a importação de algodão aumentou de 11 milhões, em 1785, para 580 milhões de libras-peso em 1850. Nesse mesmo ano, cerca de 65% de toda a produção têxtil algodoeira da Inglaterra era exportada para o mundo inteiro.

O crescimento explosivo da indústria algodoeira deu grande impulso a todas as atividades industriais e a toda a economia, privilegiando de imediato a mineração de carvão e ferro, a mecânica e a metalurgia. Intensificou-se a exploração das imensas jazidas de carvão para fins industriais e domésticos (de 10 para 50 milhões de toneladas/ano, entre 1800 e 1850), cresceu a fundição de ferro (de 200 mil para 1,4 milhão de toneladas/ano de 1800 a 1840). Aumentou a produção de máquinas, motores e equipamentos destinados a fábricas de tecidos, roupas, alimentos, bebidas, sapatos e chapéus, e a outras atividades, como cutelaria, joalheria, ferrovias, estaleiros, docas, construção civil e serviços públicos (como iluminação a gás, rede de água e esgotos).

A locomotiva de Blenkinsop e um mineiro da região de Leeds, Inglaterra.

Uma visão da História

John Russell e Richard Cobden, importantes líderes políticos da era industrial inglesa.

Ocupando quase a metade da população economicamente ativa e puxada pelos setores têxtil, mecânico-metalúrgico e mineral, a indústria é o grande motor da economia inglesa em meados do século XIX.

O mercado e o Parlamento

"O comércio, a indústria e a troca encontrarão seu nível por si mesmos, e não poderão ser atrapalhados por medidas artificiais, que, ao perturbar a operação espontânea deles, impedem seus efeitos felizes", declarava em 1796 o chefe do governo, William Pitt, ao Parlamento. Antes e depois dele, importantes economistas ingleses, como Adam Smith (*Estudo sobre a origem da riqueza das nações*, 1776) e David Ricardo (*Princípios de economia política e tributação*, 1817), defenderam os mesmos princípios: liberdade econômica para produtores e consumidores, o mercado como único regulador dos preços segundo a relação entre oferta e procura, a atuação do Estado limitada a decidir conflitos e cuidar das tarefas administrativas.

Para a burguesia inglesa, essas ideias soavam como música. O liberalismo econômico e o livre-cambismo expressavam claramente sua visão da organização da economia capitalista industrial (cada um aplica seu dinheiro, seu capital, no setor de mercado que mais lhe convém) e também seus interesses de classe (liberdade para fixar salários e jornadas de trabalho, empregar e demitir, produzir e vender, importar e exportar etc.).

Contudo, havia obstáculos a vencer. Antigos setores ainda mantinham privilégios econômicos, comerciais e fiscais através de leis aprovadas pelo Parlamento. Esse foi o caso das Leis do Trigo, de 1815, monopólio que favorecia a antiga nobreza, ao impedir que cereais mais baratos fossem importados de outros países.

Com seu caráter liberal, a Reforma Eleitoral de 1832, porém, garantiu à burguesia industrial e à classe média

Cena de um clube londrino, onde também se discutia política.

Revolução Industrial

O mercado de capitais

Bolsa de Valores, especulação, ações, cheques, empréstimos. Grande parte das palavras que hoje aparecem nos noticiários econômicos tiveram sua origem ou fase de solidificação na Inglaterra, durante a Revolução Industrial. Em 1784, por exemplo, o país possuía cerca de cem bancos que, entre outras atividades, recebiam depósitos e faziam empréstimos para interessados em implementar ou abrir negócios. Essa movimentação provocou um crescimento espetacular no número de estabelecimentos, tanto que em meados da década de 1790 seu número havia mais que triplicado.

Já a Bolsa de Valores foi uma instituição diretamente ligada à Revolução Industrial. Ela nasceu em 1762, em um café londrino com o objetivo de ser um local onde compradores ou vendedores de ações das novas empresas pudessem ter seus negócios facilitados. Em pouco tempo o local ganhou respeitabilidade e também se tornou sinônimo de especulação – comprar títulos quando estão em baixa e vender esses mesmos papéis em um momento de alta –, o que fez muitos capitalistas enriquecerem ou irem à falência da noite para o dia.

Banco da Inglaterra, em Londres, centro de uma poderosa rede financeira, suporte de grandes operações comerciais.

maior controle sobre o Parlamento. Ampliada e reformada, a Câmara dos Comuns (eleita) impôs-se à Câmara dos Lordes (nomeada), tornando-se a base de sustentação do governo de maioria parlamentar. Em 1847, depois de longa batalha política dentro e fora do Parlamento, caíam as Leis do Trigo. Triunfavam a burguesia e o liberalismo econômico, ajustava-se a ordem política e econômica aos interesses do capital industrial.

O Império e seus concorrentes

Os números não deixam dúvidas: até as últimas décadas do século XIX a Inglaterra manteve-se à frente dos seus concorrentes mais diretos. Em 1870 produzia quase cinco vezes mais fios de algodão que a França, a Alemanha e os Estados Unidos. Enquanto a produção inglesa de carvão atingia 100 milhões de toneladas, a produção francesa era de 13 milhões, a alemã, de 26 e a norte-americana, de 30 milhões de toneladas. Nessa mesma época, beneficiada pela adoção do livre-cambismo, a Inglaterra sozinha respondia por um quarto de todo o comércio mundial.

Da China ao Canadá, o Império Britânico montou uma rede mundial de rotas de navegação, portos e entrepostos comerciais e militares, agências financeiras e domínios coloniais de diversos tipos. Construindo ferro-

Uma visão da História

Sala de estar de uma família da burguesia; conforto garantido pela prosperidade.

Gustave Doré retrata bairro londrino surgido sob um viaduto ferroviário.

As filhas da aristocracia e da burguesia continuam a receber fina educação.

Varredor de rua. Como ele, muitos trabalhadores ingleses não tinham emprego estável.

Revolução Industrial

Apenas as famílias burguesas ou pequeno-burguesas, como a retratada na imagem, tinham acesso a uma alimentação equilibrada.

vias em países como Índia e Brasil, explorando ouro e diamantes na África, comprando matérias-primas baratas e vendendo produtos industriais com financiamento de seus próprios bancos, a Inglaterra assumiu o controle do mercado mundial. O Império Britânico tornou-se a grande expressão do imperialismo moderno.

Foi somente no final do século XIX que a posição inglesa começou a ser ameaçada. A siderurgia, a eletricidade e o petróleo impulsionaram, a partir de 1870-1880, o desenvolvimento industrial na Alemanha, nos Estados Unidos e na França. Acirraram-se, então, as disputas imperialistas pelos mercados mundiais, envolvendo os interesses dos Estados e das grandes empresas industriais, comerciais e financeiras. E, da guerra dos mercados, as grandes potências chegaram à explosão da Primeira Guerra Mundial (1914-1918).

Além da frota mercante, também a frota naval, de guerra, foi decisiva para garantir os mercados externos para os produtos ingleses.

Uma visão da História

"Paz, poder e prosperidade"

Passada a forte turbulência dos anos 1830 e 1840, a Inglaterra viveu, na segunda metade do século XIX, um tempo de notável expansão econômica e política. Esse período é identificado com o longo reinado de Vitória (1837 a 1901). Para grande parte da burguesia e da classe média britânicas, a "era vitoriana" foi um longo tempo de "paz, poder e prosperidade".

Está claro que essa situação continuou a ser marcada por conflitos sociais e crises econômicas e a ser garantida pela exploração imperialista. Nesse período, porém, o Império Britânico impôs seus interesses econômicos, políticos e culturais. O triunfo do capitalismo industrial na Inglaterra e sua expansão pelo mundo influíram poderosamente no desempenho das demais economias. Estabeleceu uma nova organização da economia mundial, uma nova "divisão internacional do trabalho": países industrializados e desenvolvidos de um lado, e os não industrializados, atrasados e subdesenvolvidos do outro.

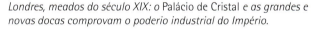

Transportes eficientes, comunicações, organização financeira – tudo foi poderoso estímulo para o sucesso dos negócios.

Londres, meados do século XIX: o Palácio de Cristal e as grandes e novas docas comprovam o poderio industrial do Império.

Revolução Industrial

A classe operária vai à luta

Enquanto a economia inglesa vivia um período de pujança provocado pelo grande desenvolvimento industrial e tecnológico, o operariado inglês se encontrava em situação cada vez mais difícil, provocada, principalmente, pelas contínuas reduções salariais e pelas péssimas condições de moradia e trabalho. Benjamin Disraeli, futuro primeiro-ministro inglês, chegou a afirmar que existiam duas nações em um mesmo país: a Inglaterra dos ricos e a dos pobres.

Tentando fazer frente à exploração a que estavam submetidos, muitos operários organizaram-se em comissões de fábrica, sindicatos e associações por categorias e cidades. Essa crescente organização alcançou sua força maior entre 1830 e 1840, com o movimento cartista. Por mais de dez anos (1836-1848), os cartistas lutaram pela aprovação dos princípios da Carta do Povo: sufrágio universal masculino, voto secreto, renovação anual do Parlamento e remuneração dos parlamentares.

Impedidos de se organizarem em nível nacional e divididos internamente, os cartistas sucumbiram à violenta repressão de 1848. Mesmo derrotado, porém, o cartismo representou o início da organização da classe operária inglesa, contribuindo para algumas das grandes conquistas dos trabalhadores, como a aprovação da jornada de dez horas, do direito pleno de livre-associação e do voto secreto.

Nessa época de agitações proletárias, ganhou destaque o trabalho dos filósofos Karl Marx e Friedrich Engels, que publicaram, em 1848, o *Manifesto do Partido Comunista*. Segundo eles, o progresso e o desenvolvimento tecnológico verificados na Inglaterra não resultaram em melhorias para os pobres, somente para os capitalistas. Isso mostrava que trabalhadores e burgueses pertenciam a classes distintas e, por isso, os interesses de uma são, necessariamente, diferentes dos da outra.

Marx e Engels afirmam que, independente da língua, do país ou região onde se encontra, a classe operária é uma só, pois em todos os lugares ela será sempre constituída de pessoas exploradas pela burguesia que visa acumular mais riqueza e obter maiores lucros. A formulação dessa doutrina abriu caminho para a organização do movimento operário em todo o mundo e foi uma das principais responsáveis pelas mudanças políticas ocorridas em diversos países no século XX.

Concentração operária: os trabalhadores ingleses mostram grande insatisfação social e reivindicam maior participação na riqueza que produzem.

Cronologia

Império Britânico

1769 Máquina a vapor de J. Watt; a energia do vapor começou a ser usada na produção industrial e nos transportes, aumentando muito a produtividade.

1776 Adam Smith publica seu *Ensaio sobre a riqueza das nações*, texto clássico do pensamento econômico liberal.

1785 Tear mecânico de E. Cartwright.

1791 Tom Paine publica *Direitos do homem*, obra com forte expressão do pensamento social e político dos trabalhadores que chegou a ser proibida pelo governo inglês.

1810-16 Revoltas luditas, dos "quebradores de máquinas", contra as péssimas condições da classe operária.

1814 G. Stephenson constrói sua primeira locomotiva.

1819 Massacre de Peterloo, violenta repressão contra os operários de Manchester, com mortos e feridos.

1824 Aprovado o direito de greve e de livre-associação local para os trabalhadores ingleses.

1825 Primeira ferrovia, entre Stockton e Darlington (14 quilômetros).

1833 Abolida a escravidão no império; R. Owen funda o Grande Sindicato Nacional Consolidado.

1834 Nova Lei dos Pobres e criação das Casas do Trabalho, para atendimento aos mendigos e desempregados.

1836-48 Movimento cartista, através do qual a classe operária reivindicava melhores condições de trabalho.

1837-1901 Reinado da rainha Vitória.

1846-47 Grande fome da Irlanda, causada pela perda de safras agrícolas inteiras.

1847 Revogação das Leis do Trigo e adoção do livre-cambismo; aprovação da jornada de dez horas para o setor têxtil.

1848 Publicação do *Manifesto Comunista*, de Karl Marx e Friedrich Engels.

1849 Publicação do livro *David Copperfield*, de C. Dickens, obra que apresenta aguda visão das relações sociais na Inglaterra de sua época.

1851 A Grande Exposição, com a apresentação dos últimos inventos da época, marca o início do capitalismo industrial inglês.

1858 Incorporação da Índia como colônia britânica.

1864 Reunião do Comitê Internacional de Trabalhadores, em Londres, para a criação da Primeira Associação Internacional de Trabalhadores.

Fora da Inglaterra

1762 Publicado o *Contrato Social*, de Jean-Jacques Rousseau, obra na qual o autor faz a defesa das liberdades sociais contra o absolutismo e os privilégios tradicionais da nobreza proprietária e mercantil.

1776 Independência dos Estados Unidos da América.

1789-99 Revolução Francesa. A burguesia derruba a nobreza e assume o poder, implantando uma república.

1803 O barco a vapor, do americano R. Fulton.

1815 A Coligação Europeia, comandada pelos ingleses, derrota Napoleão Bonaparte.

1815-30 As colônias latino-americanas conquistam sua independência, dando origem a novos países.

1840-42 Guerra do ópio; os europeus disputam a China.

1848 Revoltas liberais, com participação popular e burguesa, por toda a Europa.

1854-56 Guerra da Crimeia, disputa do mar Negro e do Mediterrâneo Oriental pelas grandes potências europeias.

1859-69 Construção do canal de Suez por F. Lesseps; Drake explora o petróleo da Pensilvânia, EUA.

1870 Derrota da França na Guerra Franco-Prussiana; a reação popular leva à "insurreição socialista" da Comuna de Paris, primeira tentativa de um governo municipal de trabalhadores.